NELLO STUDIO DEL DOTTOR ZAMPA by SILVIA VIGNALE
Copyright ⓒ 2009 Editoriale Scienza srl, Firenze-Trieste
www.editorialescienza.it
Editoriale Scienza is a brand of Giunti Group
www.giunti.it
Korean language edition ⓒ 2011 by Charlie Book
Korean translation rights arranged with Giunti Editore,
Italy and EntersKorea Co., Ltd., Seoul, Korea.

이 책의 한국어판 저작권은 (주)엔터스코리아(EntersKorea Co. Ltd.)를 통한 저작권사와의 독점 계약으로 찰리북이 소유합니다. 신 저작권법에 의하여 한국 내에서 보호를 받는 저작물이므로 무단 전재와 복제를 금합니다.

잠파 선생님의 유쾌한 동물병원

1판 1쇄 발행 2011년 6월 20일
1판 3쇄 발행 2022년 11월 28일

글·그림 실비아 비냘레 | **옮김** 김현주
펴낸이 박철준 | **편집** 안지혜, 정미리 | **디자인** 디자인서가
펴낸곳 찰리북 | **주소** 서울시 마포구 동교로18길 33, 201(서교동, 그린홈)
전화 02)325-6743 | **팩스** 02)324-6743 | **전자우편** charliebook@gmail.com
출판등록 2008년 7월 23일(제313-2008-115호)

ISBN 978-89-94368-06-1 77490

• 잘못된 책은 구입하신 곳에서 바꾸어 드립니다.

어린이제품안전특별법에 의한 제품 표시	
제조사명 찰리북	**전화번호** 02-325-6743
제조국명 대한민국	**주 소** 서울시 마포구 동교로18길 33, 201(서교동, 그린홈)
사용연령 만 7세 이상 어린이 제품	

글·그림 실비아 비냘레

이탈리아에서 활발하게 활동하고 있는 일러스트레이터이다. 1993년에 유니세프 올해의 일러스트레이터상을 받았다. 가끔 직접 책을 쓰기도 하는데, 이 책 역시 동물들을 좋아해 직접 쓰고 그린 책이다. 그 외에 그린 책으로는 『나는 두 살이에요』, 『양파가 어디 있을까?』 등이 있다.

옮김 김현주

한국외국어대학교 이탈리아어과를 졸업하고, 이탈리아 페루지아 국립대학과 피렌체 국립대학 언어과정을 마쳤다. EBS 일요시네마 및 세계 명화를 번역하고 있으며, 현재 번역 에이전시 하니브릿지에서 전문 번역가로 활동하고 있다. 옮긴 책으로는 『학교 울렁증』, 『우리 엄마』 등이 있다.

감수 윤신근

동물학 박사이며, 서울대학교 수의대 외래 교수로 일했다. 현재 윤신근애견종합병원에서 동물들을 치료하고 있다. 잠파 선생님처럼 모든 동물을 좋아하지만, 뱀을 치료할 때는 솔직히 조금 무섭다고 한다. 지은 책으로는 『워리의 멍멍 이야기』, 『애완동물 기르기』, 『세계 애견대백과』 등이 있다.

잠파 선생님의 유쾌한 동물병원

실비아 비날레 글·그림 김현주 옮김 윤신근 감수

여러분이 정말 사랑하는 동물들이
이 기니피그처럼 다치는 게 싫다면,
잠파 선생님의 동물병원으로 놀러 오세요!
동물들에 대한 새로운 사실들을 알게 될 거예요.

찰리북

얘들아, 안녕. 난 수의사 잠파 선생님이란다.
혹시 반려동물에게 문제가 생겼는데
어떻게 해야 할지 몰라 당황스럽진 않니?
그렇다면 이제 걱정할 것 없단다.
나에게 전화해서 무엇이든 물어보렴.

너희는 몸이 아프면 아픈 부위를 보고 병원을 찾아가지?
예를 들어 배가 아프면 내과로, 뼈가 부러졌거나 살갗이 찢어졌을 때는 외과로 가지.
하지만 너희가 기르는 동물이 아플 때는 고민할 것 없이 바로 우리 동물병원으로 달려오면 된단다.
나는 큰 동물이든 작은 동물이든 온몸 구석구석을 다 치료할 수 있거든.

조와 레오나르도가 씽씽이를 데리고 왔구나. 착하지 씽씽아, 어디 발을 한번 볼까?
이런, 굴러다니는 곡식 이삭 같은 게 털에 붙어 있다가 발가락 사이로 들어갔구나.
풀밭을 돌아다니다 보면 이런 일이 잘 생긴단다.

진드기는 풀이 많은 습한 곳에 주로 사는 기생충이란다. 개가 풀숲에서 뒹굴 때 폴짝 뛰어올라 개털에 달라붙지. 그리고 따뜻한 털 속에서 피를 쪽쪽 빨아 먹으며 아주 편하게 지낸단다. 반면에, 개는 진드기 때문에 가려움증에 시달려야 하지. 그러다 사람 몸에 진드기를 옮길 수도 있고. 그러니 개에게 관심을 갖고 진드기가 붙지는 않았는지 잘 살펴보렴.

개는 사람들의 좋은 친구이기도 하지만,
기생충 주머니라고 불러도 될 만큼
기생충이 덕지덕지 붙은 동물이기도 해.
수많은 기생충 중에서 진드기는
기생충의 왕이라 할 수 있을 만큼 질기고 없애기도
굉장히 어렵단다. 진드기는 개의 몸에 침이나 주둥이를
깊숙이 박고 있어서 그냥 손가락으로 잡아서
떼어 내면 머리가 그대로 남아 있어.
진드기를 없애는 방법을 알려 주마.

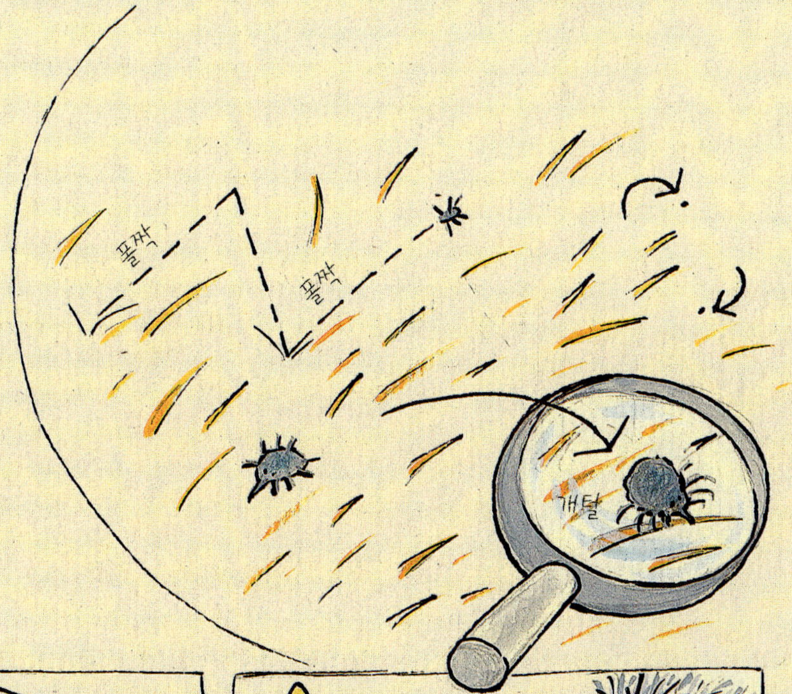

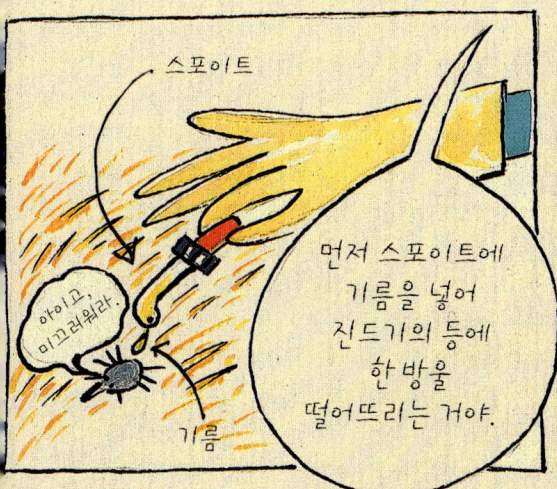

먼저 스포이트에 기름을 넣어 진드기의 등에 한 방울 떨어뜨리는 거야.

그러면 진드기가 기름 때문에 숨 쉬기 힘들어져 머리를 떼어 낼 거야. 그때 핀셋이나 족집게로 진드기를 잡아떼면 된단다.

잡았다! 어때, 간단하지?

여기서 잠깐, 우리 친구인 개에 대해서 좀 더 알아볼까?
개는 아주 오래전부터 지구에 살기 시작했어. 역사가 오래된 동물이지!
그런데 늑대가 개의 친척이라는 것을 알고 있니?
원래 개의 조상은 늑대였단다.
동물 행동학이라는 학문을 처음 만든 콘라트 로렌츠라는 동물학자는
개를 사랑해서 오랫동안 개의 행동을 관찰하고 연구했는데,
개가 늑대의 본능을 아주 많이 갖고 있다는 걸 발견했지.
그런 본능 중 하나는 우두머리를 따르는 거란다.
보통 집에서 기르는 개들은 주인을 우두머리라고 생각하고 따르지.
그 외에 늑대 할아버지에게 물려받은 본능이 또 어떤 게 있을까?
사냥을 하는 것이나, 집을 지키는 것,
또 사람들이 기르는 가축의 무리를 한곳에 모으는 행동도
다 그런 본능에서 나온 거란다.
사람들은 야생의 늑대를 길들여서 충성스러운 동물로 만든 거야.
그래서 오늘날 우리 옆에 있는 귀여운 개를 볼 수 있게 된 거지.

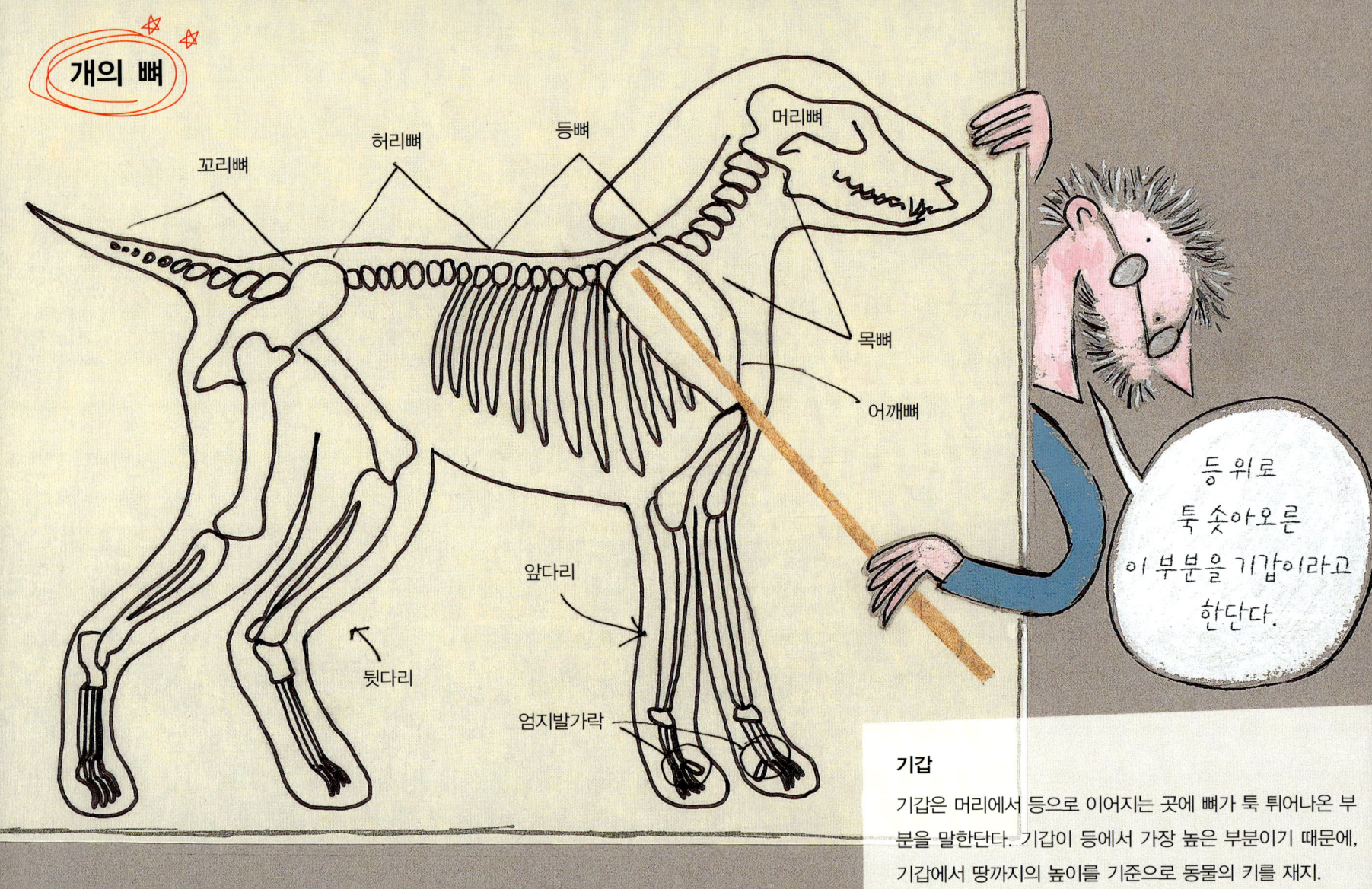

기갑

기갑은 머리에서 등으로 이어지는 곳에 뼈가 툭 튀어나온 부분을 말한단다. 기갑이 등에서 가장 높은 부분이기 때문에, 기갑에서 땅까지의 높이를 기준으로 동물의 키를 재지.

원래 개는 사냥을 하는 동물이었단다. 개들은 사냥감을 찾는 데 아주 뛰어나고, 찾아낸 사냥감을 빨리 쫓아가 잡을 수 있는 튼튼한 근육을 갖고 있지. 늑대부터 작은 애완견까지 개과에 속하는 동물들은 이런 특성을 갖고 있어.
그런데 개들이 어떻게 걷고 뛰는지 아니? 보통 사람이나 곰은 발바닥을 바닥에 디디면서 걸어.
하지만 개들은 발가락 끝에 힘을 실어 걷고 뛴단다. 발레리나들처럼 말이야!
그래서 보다 빠르고 조용하게 움직일 수 있어.

사람들은 개들 중에서 순하고 생활에 도움이 되는 개들을 골라 길렀단다. 예를 들어 사냥꾼들은 사냥개를, 양치기들은 양치기개를 기른 것이지. 그래서 지금처럼 다양한 개성을 지닌 여러 종의 개들이 생겨나게 된 거야.
얼굴이 납작한 개, 주둥이가 유난히 뾰족한 개, 다리가 아주 긴 개, 반대로 다리가 아주 짧은 개 등등.
개들은 사람들이 선택하고 개량한 결과에 따라 이렇게 다양한 모습으로 진화하게 된 거야.

며느리발톱

개의 앞발에는 사람처럼 발가락이 다섯 개 있어. 개의 엄지발가락은 발달이 멈춰서 발톱이 구부러진 모양으로 위쪽에 붙어 있지. 이 엄지발톱을 며느리발톱이라고 부르기도 한단다. 뒷발에는 발가락이 네 개 있는데, 간혹 뒷발에 며느리발톱이 있는 경우도 있어.

개들은 종마다 다른 특성을 갖고 있단다. 예를 들어 보더콜리 종은 가축의 무리를 한 곳으로 모으는 재주가 뛰어나고, 시베리언 허스키 종은 지칠 줄 모르는 강한 체력을 갖고 있고, 비글 종은 수 킬로미터 떨어진 곳에서 풍기는 냄새도 맡을 수 있을 정도로 후각이 뛰어나단다.

가만 보자, 씽씽이는 순종은 아니지만, 여러 조상들의 피를 골고루 물려받은 덕에 오히려 이런저런 재주가 많겠구나.

난 사냥을 잘해.

킁킁

난 냄새를 잘 맡아.

난 길 안내를 잘해.

씽씽이는 아주 건강해서 병에 잘 걸리지 않겠구나. 그리고 명랑해서 같이 어울려 놀기에도 좋지.

앵무새는 장수하는 동물이라서, 모이만 잘 먹어도 아주 건강하게 오래 살 수 있지.

앵무새 외에도 오래 사는 동물들이 있는데 한번 살펴볼까?
먼저, 가장 오래 사는 동물은 거북이란다. 거북이의 종에 따라 수명이 다르지만, 인도에 사는 어떤 거북이는 250세까지 살았고, 오스트레일리아의 어떤 거북이는 175세까지 살았지. 거북이는 나이를 먹을수록 몸집이 커져서 책상만큼 커지기도 해!

두 번째로 오래 사는 동물은 고래야. 고래는 종에 따라 길게는 80년에서 150년까지도 산단다.
세 번째는 바로 앵무새야. 크기가 작은 앵무새는 10여 년을 살지만, 커다란 앵무새는 인간과 수명이 비슷해 100년도 살 수 있지. 그다음은 코끼리인데, 70년 정도를 살 수 있단다. 그에 비하면 쥐는 2, 3년 정도밖에 살지 못하고, 나비는 단 몇 주나 몇 달밖에 살지 못한단다.

몇 살까지 살 수 있을까?

거북이(170~250년)

고래(80~150년)

앵무새, 사람(70~100년)

코끼리(70년)

이번에는 고양이의 눈 속으로 들어가 볼까? 고양이 눈을 들여다보고 있으려니 그 오묘한 색에 마치 최면에라도 걸릴 것 같구나!
고양이의 눈동자는 빛이 강한 낮에는 빛이 너무 많이 들어오는 것을 막기 위해 가늘고 길쭉하게 변하고, 밤에는 최대한 빛을 많이 흡수하기 위해서 동그랗게 커진단다.

고양이는 눈의 구조가 아주 특별해서, 어두컴컴한 곳에서도 잘 볼 수 있지. 고양이 눈의 망막 뒤에는 들어오는 빛을 거울처럼 반사하는 아주 특별한 세포 조직이 있단다. 그래서 빛이 들어오면 그대로 흡수되는 것이 아니라, 이 반사막에 한 번 더 부딪쳐서 다시 망막에 쏘아지니까 두 배로 밝게 볼 수 있는 거야. 바로 이 반사막 때문에 고양이의 눈이 밤에 빛을 받으면 불빛처럼 반짝이는 거야. 마치 동화 속에 나오는 마녀들이 키우는 고양이처럼 말이지.

밤에 활동하는 다른 동물들의 눈에도 이 반사막이 있어! 이 반사막을 라틴어로는 타페텀 루시둠(tapetum lucidum)이라고 하는데, 이 말은 '빛나는 양탄자'라는 뜻이란다.

고양이는 뛰어오르기 전에 머리를 좌우로 흔든단다. 그러면서 주변에 있는 장애물과의 거리를 계산하지. 고양이는 우리 인간이 보는 것처럼 사물을 3차원으로 볼 수 있고, 거리를 거의 완벽하게 측정할 수 있단다. 그래서 아주 높은 담 위에서도 폴짝폴짝 잘 뛰어다닐 수 있어.

하지만 과학자들이 연구한 바에 따르면, 고양이는 사람처럼 색을 구분할 수는 없다고 하더구나. 고양이는 파란색과 초록색 계열은 구분할 수 있는데, 붉은색은 그냥 노란색이나 옅은 초록색으로 본다. 붉은색이 빠진 고양이의 세상은 어떤 느낌일까, 궁금하지 않니?

이제 고양이의 다른 감각들을 한번 살펴보자꾸나.
고양이의 청각은 굉장히 예민해서 사람이 들을 수 없는 작고 가냘픈 소리도 잘 들을 수 있단다. 그리고 귀를 180도 각도로 움직일 수 있어서 머리를 움직이지 않고도 사방의 소리를 들을 수 있지.
잠을 자다가도 어떤 운 없는 쥐가 문밖에서 찍찍거리며 지나가는 소리를 들을 수 있어. 또 외출했던 주인이 돌아올 때 나는 발소리나, 음식 준비를 할 때 나는 소리들도 가장 먼저 듣고 알아챈단다. 그래서 사람이 보기에는 고양이가 어떤 일이 일어나기 전에 미리 예측하는 능력이 있는 것 같기도 하지.

고양이의 후각 역시 인간보다 월등히 뛰어나단다. 고양이는 냄새로 많은 것을 판단하지. 냄새만 한번 쓱 맡고도 '음, 뒷동네 깜순이가 방금 여기를 지나갔군.' 하거나 '킁킁, 저기 봉지에 든 건 소고기가 분명해.' 하고 알아챌 수도 있단다.
고양이들은 서로의 냄새를 교환하면서 친밀함을 표현해. 그러니까 고양이가 다가와 머리를 비비적대면서 냄새를 나눠 준다는 건 그만큼 친하고 좋아한다는 뜻인 거야.

고양이도 사람처럼 혀로 맛을 느낀단다. 혀의 옆 부분과 끝부분에 맛을 느끼는 맛봉오리가 있어. 고양이는 자신의 몸을 닦을 때도 혀를 사용하지. 까칠까칠한 돌기가 가득한 혀로 하루에도 몇 번씩 자기 몸을 핥아 털을 골라내고 몸치장을 한단다. 그러다 가끔 털을 삼키기도 하는데, 배 속에 쌓여 있는 털 뭉치를 토해 내려고 풀을 뜯어 먹기도 해. 풀이 위를 간지럽게 해서 토하는 거란다.

고양이에게 수염은 안테나 역할을 한단다. 고양이는 주변에 뭔가 방해물이 있는지 없는지 수염으로 느끼지. 우리도 머리카락에 뭔가 닿으면 이상한 느낌이 들잖아. 고양이는 수염 덕분에 어두운 곳에서도 요리조리 잘 다닐 수 있어.

고양이는 낯선 물건을 보게 되면 앞발로 툭툭 건드려 본단다.
사냥을 할 때도 먹이가 죽었는지 살았는지 확인하려고 앞발로 만져 보지.
고양이의 발바닥에는 푹신푹신한 살이 있는 쿠션 같은 패드가 있어.
이 패드 때문에 고양이는 소리 없이 먹잇감에게 다가갈 수 있어.

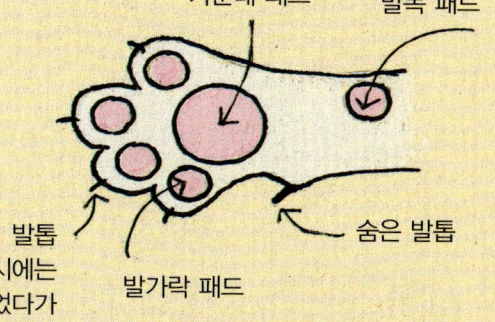

가운데 패드
발목 패드
발톱
(평상시에는 오므려 넣었다가 필요할 때는 길게 빼기도 해)
발가락 패드
숨은 발톱

"자, 다음 손님은 누굴까?
아, 수줍음이 많은 펠리치니 씨, 안녕하세요.
토토를 데리고 오셨네요.
이런, 우리 토토 어른
앞니부터 잘라 줘야겠구나."

토끼는 태어날 때부터 앞니가 계속 자란단다.
원래 먹이를 갉아 먹는 동물이라 앞니가 금방
닳거든. 그런데 애완용 토끼는 부드러운 먹이를
많이 먹기 때문에 앞니가 잘 닳지 않는단다.
그래서 앞니가 너무 길게 자라거나 뒤틀어지기도 하지.
그렇게 앞니가 길면 먹기 불편해서 먹이를 덜 먹게 되고,
그러다 보면 자연히 앞니가 더 닳지 않게 되지.
또 앞니가 간지러워서 개처럼 자기 꼬리를 물기도 해.
앞니가 너무 길면 이렇게 많은 문제가 생긴단다.

"왜 앞니를 잘라요?"

잘라 주지 않고 그냥 두면, 앞니가 바다코끼리의 엄니만큼 길어지겠네요!

토끼는 송곳니가 없는 대신 앞니가 위쪽에 4개, 아래쪽에 2개 합해서 총 6개가 있단다.

어금니   작고 짧은 앞니   크고 긴 앞니

그래서 앞니가 너무 길게 자라면 절단기로
앞니를 적당한 길이로 잘라 줘야 해.
평상시에 토끼의 몸에 좋은 먹이를 주면,
앞니가 닳아서 똑바로 예쁘게 자랄 거야.

토끼에게 가장 좋은 먹이는 마른 풀이야. 그리고 가끔 간식으로 말린 사과나 민들레 같은 과일이나 야채를 주면 된단다. 배추나 양배추, 상추 같은 야채는 물기가 많아서 설사를 할 수 있어서 좋지 않아. 쌀이나 보리 같은 곡물, 빵 같은 것은 바싹 마른 것이라도 토끼의 위에 좋지 않으니 먹이지 않는 게 좋아.
토끼장에는 항상 시원한 물을 놔줘야 하고, 앞니를 갈 수 있는 나무토막 같은 것을 꼭 넣어 줘야 한단다.

"기니피그랑 햄스터도 이빨이 계속 자라나요?"

그렇단다. 그래서 기니피그나 햄스터도 항상 뭔가를 갉을 수 있도록 해줘야 하지. 하지만 기니피그나 햄스터는 곡식이나 씨앗, 과일, 야채를 비롯해서 갉아먹는 딱딱한 비스킷까지 다 잘 먹는단다.

햄스터를 기르고 싶니? 그럼, 먼저 햄스터가 살 우리부터 골라야겠지. 우리는 햄스터가 빠져나오지 못할 정도로 구멍이 촘촘하고, 또 이빨로 갉아 먹지 못하도록 단단한 것으로 고르면 된단다. 그리고 우리 바닥에는 모래를 깔아 주고 자주 갈아 줘야 해. 햄스터는 물이 아니라 모래로 목욕을 하거든.

햄스터는 밤에 활동하는 야행성 동물이고, 혼자 있는 걸 좋아한단다. 그러니까 낮 동안에는 편안하게 잠을 잘 수 있도록 우리 한 귀퉁이에 조용히 쉴 곳을 만들어 줘야 해. 하지만 밤이 되면 기운이 넘쳐나서 고삐 풀린 망아지처럼 뛰어다니니까 우리에 꼭 쳇바퀴를 놔줘야 하지. 가끔 잘 모르고 감옥처럼 갑갑한 플라스틱 상자에 햄스터를 키우는 경우가 있는데, 그러면 햄스터들이 스트레스를 많이 받고, 운동 부족으로 병에 걸릴 수도 있어.
동물을 키울 때는 그 동물에 대해 관심을 가지고 동물의 입장에서 생각해야 한단다.

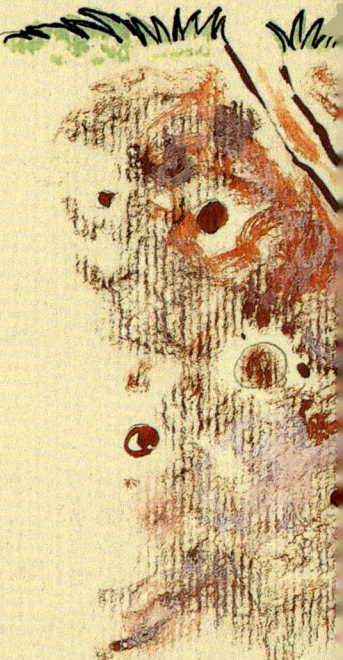

기니피그는 햄스터보다는 크고 튼튼하고, 또 토끼보다는 작고 덜 예민해서 집에서 기르기 쉬운 동물이란다.

또 기니피그는 다리가 짧은 데다 무서움을 많이 타서 햄스터처럼 어딘가 높은 곳으로 잘 기어 올라가지도 않고, 토끼처럼 깡충깡충 뛰어오르지도 않아.

기니피그는 사람을 물거나 해치는 행동을 절대 하지 않는 착한 동물이라서 아이들이 기르기에도 아주 좋단다. 누가 자신을 괴롭힐 때나, 주인이 소홀하게 대해도 그저 바닥을 긁는 정도의 투정만 부리지. 그리고 겁이 많아서 높은 곳에 올라가게 되면 떨어질까 봐 안절부절못하면서 콩콩 뛰기도 한단다. 정말 순한 동물이지.

그러니까 기니피그를 기르게 된다면, 절대 괴롭히면 안 돼! 기니피그가 내색을 하지 않는다고 해서 어떤 행동을 해도 다 괜찮은 건 아니란다.

기니피그의 앞발에는 발가락이 네 개 있단다.

뒷발에는 발가락이 세 개밖에 없지.

기니피그는 놀라면 휘파람을 분단다. 그건 본능적으로 다른 동물들에게 위험을 알리려고 하는 행동이지. 또 기니피그를 처음 집에 데리고 오면 우리 속에서 휘파람을 불면서 이리저리 뛰어다니는 걸 볼 수 있을 거야. 그건 아파서 그런 게 아니고 낯을 가려 그러는 거니까 야단치지 말고, 새로운 환경에 적응할 때까지 기다려야 해. 어느 정도 시간이 지나면 얌전해질 거야.

조금 더 빨리 친해지고 싶으면 손에 올려놓고 기니피그가 좋아하는 먹이를 주면서 조심스럽게 목덜미를 긁어줘 보렴. 그러면 기니피그가 너희를 주인으로 알아보고, 관심을 끌고 싶을 때만 휘파람을 불 거야.

기니피그가 안정이 된 것 같으면, 집 안 여기저기를 자유롭게 구경할 수 있게 해주렴.

하지만 양탄자나 가구, 전선(기니피그는 전선을 아주 좋아해!)이 망가지는 걸 보고 싶지 않다면, 기니피그를 계속 살펴봐야 해. 그리고 베란다나 계단 근처에도 가지 못하게 해야 돼.

떨어지면 큰일 날 수 있으니까 말이야.

위험한 계단

바삭바삭한 과자처럼 보이는 식탁 다리

맛있는 냄새가 나는 양탄자

백점병은 민물 어항에서 자라기 쉬운 백점충이라는 기생충 때문에 생기는 병이란다. 백점충은 보통 급격한 온도의 변화 때문에 생기지. 물의 온도가 1, 2도 정도 높아지거나 낮아져도 생길 수 있단다.

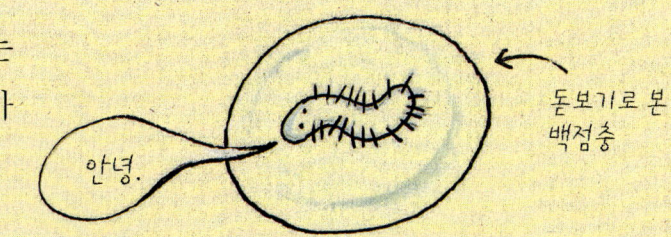

백점충은 몸이 약해진 물고기의 피부 속으로 들어가 낭포라는 하얀 반점을 만들어. 그리고 낭포가 터지면 수백만 마리의 세균이 쏟아져 나와 어항 밑바닥에 가라앉아. 그러면 이미 감염되었던 물고기가 그 세균에 또 감염돼 몸이 더 약해질 수 있고, 건강한 다른 물고기까지 감염시켜 같은 어항에 사는 물고기들이 모두 백점병에 걸릴 수 있지.

하지만 초기에 올바른 치료를 해주면 금방 나을 수 있단다. 그럼 처방전을 써볼까? 백점병이 생긴 경우, 최대한 빨리 백점병 약을 넣어 주고, 물의 온도를 29도 정도로 맞춰 주면 물고기가 빨리 회복될 거야.

금붕어를 키울 때는 둥근 어항에서 키우는 것보다, 작더라도 사각형 모양의 어항에서 키우는 게 훨씬 좋단다. 둥근 어항에서는 모든 것이 실제보다 더 퍼져 보이기 때문에, 금붕어의 눈에 안 좋은 영향을 주기도 하거든. 그리고 사각형 어항보다 산소 공급이 제대로 되지 않아 금붕어가 살기 힘들어할 수도 있단다.

원산지가 중국인 금붕어는 아주 건강한 물고기라서
산소가 아주 적은, 깨끗하지 않은 물에서도 잘 산단다.

금붕어는 일반적으로 쾌적하고 수온이 알맞은 환경에서 최고 35센티미터 길이에 1킬로그램까지 자라는 물고기야. 하지만 잘 자라는 금붕어는 20년 동안 살면서 45센티미터에 3킬로그램까지 자라기도 한단다.

물에서 사는 동물 중에서 집에서 많이 기르는 동물이 또 있는데, 뭔지 알고 있니? 바로 붉은귀거북이란다.
눈 뒷부분에 선명한 빨간 줄이 있어서 붉은귀거북이라고 불리지.
애완동물 가게에서 파는 붉은귀거북이는
보통 4센티미터 정도 될 거야.

거북이는 아주 오래 사는 동물이란다. 그래서 처음에는 작고 귀여워서 길렀다가 점점 덩치가 커져서 기르기 힘들어질 수도 있어. 그렇다고 거북이를 함부로 강에 놓아주면 안 돼. 외래종 거북이가 우리 토종 물고기들을 잡아먹어서 생태계에 큰 문제를 일으킬 수도 있거든. 동물을 키우기로 마음먹었으면 끝까지 책임을 져야 한단다. 거북이는 오래 사니까, 오랫동안 보살펴 줄 자신과 커다란 거북이 집만 있다면 어떤 동물보다 좋은 친구가 되어 줄 거야.

그럼 거북이를 키울 때는 어떤 환경을 만들어 줘야 할까? 거북이도 금붕어처럼 사각형에 깊은 어항이 가장 적당하고, 여기에 플라스틱 수초와 거북이가 올라가 햇빛을 쐴 수 있는 조금 큰 돌을 하나 넣어 줘야 해. 거북이가 물 밖으로 나와 조용히 쉴 수 있는 곳이 있어야 하거든. 이런 용품들은 모두 애완동물 가게에 가면 쉽게 구할 수 있어.

당나귀는 1년에 한 번 짝짓기를 한다는 거 알고 있니? 새끼 당나귀는 엄마 배 속에서 거의 11개월 동안 있으면서 제 모습을 갖추어 간단다.

다리가 생긴단다.

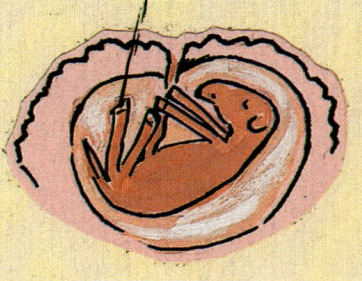

양수로 가득 찬 아기 주머니
탯줄
태아

임신 2개월

임신 4개월

몸에 털이 나기 시작하지.

갈기가 생기기 시작해.

임신 6~8개월

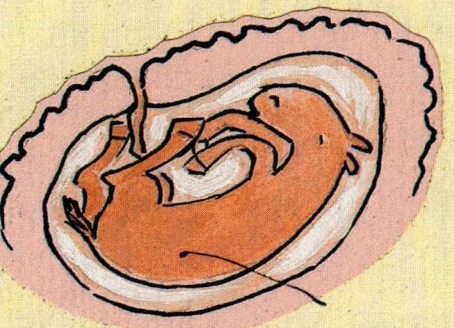

몸을 뒤집을 준비가 된 아기 당나귀.

임신 10개월

머리를 앞다리 사이에 두고 있지.

아기 당나귀가 몸을 돌려 태어날 준비를 하고 있단다.

임신 11개월

소는 새끼를 낳을 때
서서 낳지만, 당나귀는
보통 누운 상태로 새끼를
낳는단다. 새끼 당나귀는 앞다리부터 나오기
시작해서 머리와 나머지 부분 순서로 나오지.

엄마 당나귀는 새끼를 낳자마자 일어서서 새끼 당나귀를 핥아 준단다. 새끼 당나귀의 몸을 닦아주면서 소화기와 호흡기를 자극해 주기 위해서지. 말하자면 마사지를 해주는 거란다.
새끼 당나귀는 태어난 지 30분 정도 지나면 네 발로 서려고 하고, 똑바로 서게 되면 그때부터 엄마 젖을 먹기 시작한단다.

새끼 당나귀는 두 달 정도 엄마 당나귀의 젖을 먹고, 그다음부터는 엄마 당나귀를 따라다니면서 풀을 뜯어 먹기 시작하고, 들판을 달리는 법도 배운단다.

이제 병원으로 돌아가자꾸나!

이런, 비가 오네. 이제 손님도 없으니 우리 병원에 입원한 동물들 구경이나 할까?

사람들이 거리를 떠도는 동물들을 발견하고는 하나둘 여기로 데리고 왔지.
이 고슴도치는 이웃 아주머니가 공원에서 데려온 친구란다. 아주머니는 고슴도치를 처음 봤을 때 축 늘어져 있어서 병이 든 줄 알았다고 하더구나. 사실은 병이 든 것이 아니라, 겨울잠에서 깬 지 얼마 안 돼 졸고 있었던 거야.
지금은 동물병원에서 매일 잘게 썬 고기와 사과 몇 쪽씩을 먹이면서 보살피고 있단다. 하지만 잠이 다 깨고 살도 좀 오르면 숲으로 돌려보내 줘야겠지!

알고 있니?
고슴도치는 야행성 동물이란다. 보통 낮에 자고, 밤에 곤충이나 벌레, 달팽이 같은 먹잇감을 사냥하러 다니지.

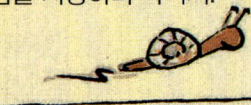

고슴도치에게 우유를 주면 절대 안 된단다. 고슴도치는 식성이 좋은 동물이지만 우유를 먹으면 배탈이 날 수도 있어!

이 박쥐는 꼬마 손님이 데려온 친구란다. 가엾게도 한쪽 날개가 찢어져 잔뜩 겁을 먹고 있더구나. 박쥐는 조금 이상한 동물이지? 포유류인데 날개가 있잖니. 박쥐는 몸이 검고, 털이 나 있고 얼굴은 쥐와 비슷하게 생겼어. 하지만 '비막'이라고 하는 날개가 있어서 날 수 있지. 박쥐의 다리 네 개 모두 이 비막에 붙어 있단다.

찢어진 날개를 봉합실로 꿰매 놓았으니 며칠 후면 다시 날 수 있을 거야. 그런데 박쥐가 어떻게 어두운 밤에 잘 날아다니는지 궁금하지 않니? 박쥐는 초음파를 발산하는데, 이 초음파는 장애물에 부딪치면 반사되어 다시 박쥐에게 전달된단다. 박쥐는 되돌아온 초음파로 주변에 무엇인가 있다는 것을 알게 되는 거지. 그래서 어딘가에 부딪치는 일 없이 잘 날아다닐 수 있는 거야.

박쥐는 뒷다리로 거꾸로 매달린 채 잠을 잔단다.

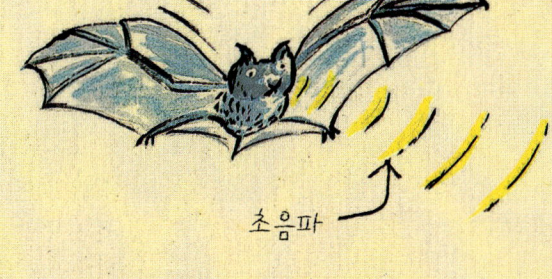

초음파

이 두꺼비 이름은 가스토네란다. 유럽에서 사는 두꺼비인데 학자들이 부르는 학명이 '부포 부포'야. 재미있는 이름이지? 가스토네는 주차장에서 차에 치여 하마터면 큰일이 날 뻔했어. 조만간 시간이 나면 시골에 데려다 주는 게 좋을 것 같구나. 연못이 있는 곳이면 더욱 좋겠지?

여기 이 새는 지빠귀란다. 종이 붕대를 온몸에 감고 있어서 미라 같지?
날개가 부러져서 내가 깁스 대신 종이 붕대를 감아 놓은 거란다.
이렇게 단단히 감아 놔야 부러진 날개를 움직이지 않지.
이대로라면 몇 주 후에는 다 나을 것 같구나.
지빠귀들이 편안하게 지낼 수 있는 곳으로 다시 보내 줄 생각이란다.

수컷 지빠귀는 온몸의 깃털이 검은색이고, 부리와 눈 주변이 밝은 노란색이란다.

암컷은 온몸이 다 갈색이지.

이 제비 친구는 땅에 떨어져 있었어. 제비는 집 지을 흙을 구할 때 빼고는 거의 땅에 내려앉지 않아. 날개가 너무 길어서 땅에 앉으면 다시 날아오르기 힘들거든.

그래서 제비는 전깃줄이나 빨랫줄처럼 날개를 편히 움직일 수 있는 곳에 잘 앉는단다.

우리 제비를 창밖으로 날려 보내 줄까?

이렇게 잡고서 공중으로 날려 보내 주기만 하면 되지. 제비를 잡고 있으면 부리로 손을 쪼려고 해서, 나도 이 두꺼운 가죽 장갑이 없으면 제비를 잡고 있기 무섭단다!

가죽 장갑

제비는 하루 종일 날아다니며 각다귀 같은 곤충을 사냥하지.

난 가끔씩 사람들이 동물 친구들을 함부로 대하는 모습을 볼 때마다 정말 화가 치밀어 오른단다. 바로 오늘 아침에도 누군가 고양이들을 우리 동물병원 앞에다 버려 두고 갔더구나. 그래도 우리 병원 앞에 버려졌으니 천만다행이지.

많은 사람들이 애완동물을 그냥 장난감 정도로만 생각하고 산다는 걸 알고 있니? 그래서 생각보다 많은 관심과 정성을 쏟아 보살펴 줘야 한다는 걸 뒤늦게 깨닫고는 후회해서 길에 마구 버리지. 그렇게 버려지는 개나 고양이, 거북이, 토끼, 카나리아 같은 동물들의 마음을 한번 생각해 보렴.

조금만 시간을 내어 돌봐 주면, 동물들은 주인에게 더 큰 기쁨을 준단다. 밖에서 피곤한 하루를 보내고 돌아오면, 꼬리를 흔들며 반겨 주기도 하고, 쉬는 동안 좋은 친구가 되어 주기도 하지.

만약 도시의 하수도에 거대한 악어가 산다면 어떨 것 같니? 말도 안 되는 소리라고? 하수도에 살면서 사람들을 겁에 질리게 하는 거대한 악어에 관한 영화가 실제로 만들어지기도 했단다. 그런데 어떻게 하수도에 악어가 살게 되었느냐고? 새끼 악어를 키우기 귀찮아진 주인이 변기에 버린 거야. 그런데 악어가 하수도에서 살아남아서 사람들을 위협할 정도로 크게 자란 거지.

사실 거대한 악어보다 더 무서운 것은 악어를 함부로 버린 사람들 아닐까?

그러니까 애완동물을 키우기 전에 최소한 100번 정도 정말 너희가 동물을 기를 수 있는 상황인지 생각해 봐야 해. 그리고 최소한 100번 정도 너희가 기르려고 하는 동물이 너희 집에서 잘 살 수 있는지 알아봐야 한단다. 예를 들어 이구아나, 뱀, 달팽이, 아기 사자나 아기 호랑이 같은 동물이면 더 신중하게 생각해야겠지!

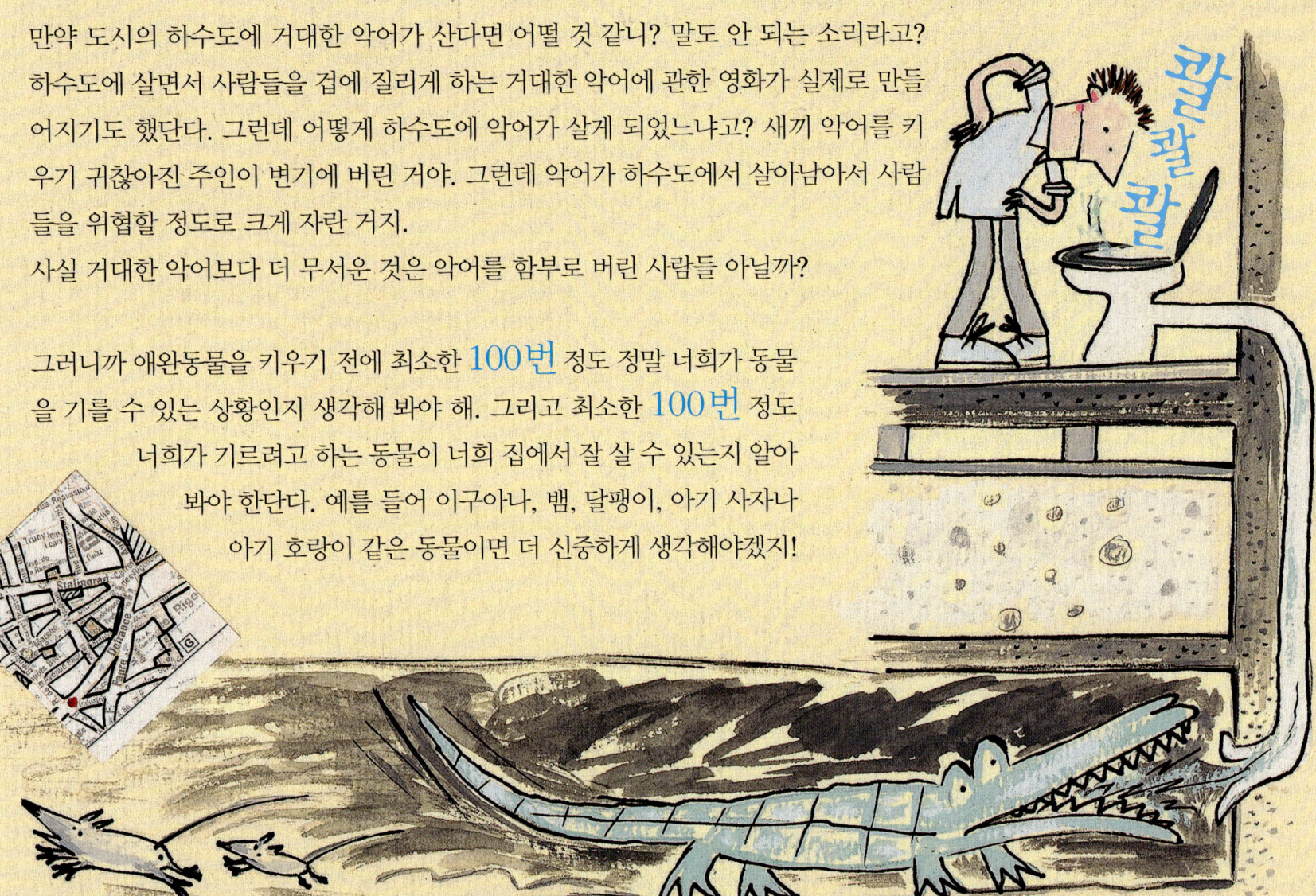

많은 사람들이 대개 친구나 이웃에게 자랑하고 싶어서 이런 동물들을 사들이지.
하지만 어떻게 기를 것인지는 별로 깊이 생각하지 않기 때문에 금방 귀찮아하고 만단다.
특히 여름에 이런 동물들을 데리고 여행을 갔을 때 문제가 되지.
호텔이나 여관, 캠핑장, 그 어느 곳에서도 환영해 주지 않을 테니 말이야!

잠파 선생님의 동물 상식 퀴즈 O X

잠파 선생님의 이야기를 재미있게 들었다면 아래 퀴즈를 풀어 보세요.
아래 문장을 읽고 맞으면 O에, 틀리면 X에 동그라미를 쳐 보세요.

1. 강아지의 몸에 붙은 진드기는 손으로 잡아떼면 된다. (O, X)
2. 앵무새는 아무거나 다 잘 먹는 잡식성 동물이다. (O, X)
3. 고양이는 어두컴컴한 곳에서도 잘 볼 수 있다. (O, X)
4. 토끼와 햄스터의 앞니는 계속 자란다. (O, X)
5. 금붕어를 키울 때는 둥근 어항에서 키우는 게 좋다. (O, X)
6. 애완용 거북이는 강에 풀어줘도 된다. (O, X)
7. 박쥐는 초음파를 이용해서 길을 찾는다. (O, X)

혹시 동물들에 대해 더 궁금한 것들이 있나요?
그럼, 다른 책이나 인터넷을 찾아보거나, 동물을 직접 관찰해 보세요.
여러분도 잠파 선생님처럼 멋진 동물 박사가 될 수 있을 거예요.

정답: X, X, O, O, X, X, O

잠파 선생님이 여러분에게 꼭 당부하고 싶은 말

동물을 기를 땐, 이런 것들을 먼저 생각해 보세요.

- ✓ 동물을 키우기 전에 먼저 가족과 상의를 해야 해요. 가족 중에 동물을 싫어하는 사람이 있으면 안 되니까요.

- ✓ 동물이 잘 살 수 있는 환경을 만들어 줘야 해요. 그렇지 않으면 스트레스를 받아 힘들어 해요.

- ✓ 동물에게 맞는 먹이를 주세요. 몸에 좋지 않은 음식을 먹으면 병이 날 수도 있어요.

- ✓ 동물의 몸이나 주변을 청결하게 가꿔 주세요.

- ✓ 반려동물은 살아 있는 생명이지 장난감이 아니에요. 동물에게 심한 장난을 치거나 윽박지르면 안 돼요.

- ✓ 무엇보다 중요한 것은 동물에 대한 꾸준한 관심과 사랑이에요.
  그 마음을 갖고 있다면 여러분은 동물과 좋은 친구가 될 수 있을 거예요.